HILAL KARAHAN

# LANGSAM DIE NACHTTREPPE HINAB

## GEDICHTE

ÜBERSETZT VON
GINO LEINEWEBER

VERLAG EXPEDITIONEN

Bibliografische Information der Deutschen Nationalbibliothek:
Die Deutsche Nationalbibliothek verzeichnet diese Publikation
in der Deutschen Nationalbibliografie; detaillierte bibliografische Daten
sind im Internet über http://dnb.dnb.de abrufbar.

© Verlag Expeditionen 2022

Titel der englischen Erstauflage *Corners of Night*

**Hilal Karahan**
**Gino Leineweber (Übersetzer)**
**Langsam die Nachttreppe hinab**
Gedichte

Redaktion Emina Čabaravdić -Kamber
Titelfoto: John Fowler (Unsplash)
Coverdesign: Birgitzta Sjoblöm
**ISBN 978-3-947911-61-5**

# Hilal Karahan

# Langsam die Nachttreppe hinab

## Gedichte

# NACHTGEDICHTE

Ich stärke die Nacht mit Konfrontation

Zeit schlüpft aus ihrem Kokon
Trennt die Seide
In Intellekt und Blasphemie

Sie ist kluger Zorn
Formt die Dinge
In schäumende Kaskaden

Auf dem Pult des Schoßes
Liest die Nacht in der Seele

Mit heißer Feder geurteilt
Die Tage aus ihrer Brust gerissen

Im befreiten Zustand des Seins
verschluckt Shahmaran* ihren Schwanz

Sie kommandiert
Der Dunkelheit
*Schließe die Tür!*

Die Nacht ist eine lange
Um den Universums-Hals
Geschlungene Schnur

---

* *Schahmaran* ist ein Fabelwesen dessen oberer Teil der
Körper einer schönen Frau ist und der untere eine
Schlange. Es symbolisiert die Chimäre.

Die Tage kennen kein Feuer
Mit der Sichel des Mondes
Bedeckt sich die Nacht

Ohne Gnade
Erntet sie was sie findet

Wer kann seine Wut verbergen
Wenn die Dämmerung
Sein Gesicht zerkratzt
Wenn die Sichel des Mondes
Lautlos wie ein Dolch
An ihren Hals gehalten wird

Für die Flüche der Schatten
Ist die Nacht nicht verantwortlich

Denken wenn die Nacht schweigt

Barmherzig befestigt die Nacht
Eisige Sterne in den Locken der Bäume
und knöpft dem Tag den Kragen zu

Im Morgengrauen sieht sie müde aus
Sie weiß warum ihr Atem
Nach Sandelholz und Bernstein riecht

Nachts glaubt ein jeder seinen Intuitionen

Die Nacht legt ihre Farbe ab
Breitet sich sorglos
Über silberne Gräser aus

Ihre Klänge
Und feuchtes Geflüster
Befruchten die Erde

Mit Windstößen duftender Öle
Benetzt sie von alten Sommern
Übriggebliebene Tamarisken

Sie nimmt uns friedlich und sanft
In ihre Arme und entfacht auf ewig
Des Körpers Lust

Die Nacht begießt
Den geborstenen Himmel
Splitter in allen Straßen
Entspannter Frühling
Der Zivilisation
Metallinsekt im Bett der Nacht

Auf der Balkonleine
Hängt die Realität
Während sie trocknet
Denken wir wie unbedeutend
Sowohl Götter als auch ihre Verbote sind

Die Nacht die sich
Von der Klippe
Auf die Stadt wirft
Kann den Morgen nicht befreien

Die Schwingen der Nacht
Öffnen sich langsam
Bedecken mit seidigem Schleier
Das Gesicht des Himmels

Sei geduldig
In einer Nacht kann sich alles ändern
Kummer sich in Langeweile wandeln
Kann der Schmerz
Der das Herz rasen lässt
Endlich aufhören

Liebe ist wie die Nacht
Die du nicht erreichst
Ohne hindurchzugehen

Jeder Kummer ist verständlich
Jede Nacht verliert ihr Besonderes
Hat aber den Menschen gegenüber
Kein Erbarmen

Eine Nacht aus Eisen
Schmilzt im Feuer der Sprache

Selbst in der Glut
Kann der Mensch
Ihr Gesicht nicht sehen

Wer zärtlich Schatten trennt
Ist womöglich
Nur ängstlich vor dem was er begehrt

Ins berührungslose Netz der Nacht
Webt die Zeit Vergangenes
Ohne Fragen zu beantworten

Ein jeder geht
Durch sie hindurch
Doch sie folgt keinem

Auf dem Esstisch
Handgefertigte Stickerei
Kindererinnerungen eines Sommers

Im Hinterhof
Geopferte Widderköpfe
Neben dem Feuer hungrige Straßen

Unter dem Kissen
Festliche Schuhe
Weite Satinkränze

Diese Zeiten sind vergangen
Wo sind tobende Hoffnungen
Aus Kindertagen geblieben

Mit zerbrochenen Klingen kratzten
Im Beherrschungskessel gebraute Nächte
Am Silberschein

Genug der Nacht

Liebes
Es gibt keine weitere Nacht
Lass das Chaos wie es ist

Nächte sind wie Druck auf unserer Brust
Ein Steinhemd des Himmels
Erloschene Sterne
Sie gleichen den Augen derer
Die vor uns lebten

Wir benötigen keine weitere Nacht
Realität klart sich auf
Wenn sie feiner wird
Die Nächte werden vergessen
Erinnert nur wenn Zeit dafür ist

Liebes,
Lass alles wie es ist
Und behalte das Wechselgeld

# NACHTVERSE

Du warst die Stimme
Die ich eines Abends plötzlich vernahm

Als ob du mit verbranntem Himmel
Mein Gesicht eingerieben hättest

Bunte Vögel und Bäume als Geschenk
Hast du auf meine Kindheit gelegt

Streichelt die Erde den Samen des Ölbaums
Damit seine Zweige nicht riechen

Liebkosen Blumen wie Winde ihr Haar
Wenn sie den Bernstein nicht vergißt

Auf den Schultern des Rebstocks ruhend
Wirft ein müder Abend lange Schatten

Du warst die Stimme
In lärmender Nacht berührte ich dein Gesicht

Das Pochen meines Herzens
Sollte deine Stimme entflammen

Nicht zart – oh nein – mit Blut
Hast du mein Herz gefesselt

Später legtest du es leise und scheu
Wie ein ausgeliehenes Buch zurück

An den Ort
Von dem du es entliehen hattest

Doch lief es die halbe Nacht
Hinter dir her

Du warst die Stimme
Die Spur mehrfacher Liebe

Dich zu lieben bedeutete
Es ein Leben lang zu tun

Ich küsste deinen Mund
Mit Vorigen darin

Deine Hände prall von Anderen
Streichelten mein rauschendes Blut

Für dich war Weggehen normal
Wie Wasser trinken Zigaretten rauchen

Schmerz der mein Herz zerreißt hieß
Mich an dich zu gewöhnen wenn du gehst

Mein Weggehen liegt im Leiden
Wenn du nicht mehr da sein wirst

Du warst die Stimme
Der klapprigen Geheimnisse von innen

Du riefst aus einem Brunnen
Ein Licht nur und denkst es sei hell

Nein, du bist nicht verrückt
Wir haben nie existiert

Ich habe dich erschaffen
Als fehlender Teil meines Leibs

Wunden werden
Von Schizophrenen geliebt

Du warst die Stimme
Mit der die Nacht begann

Du hast vollendet
Was nur halbfertig in mir war

Je mehr du zurückgewichen
Desto öfter betrat ich deinen Raum

Ferne Häfen habe ich dir geboten
Was ich vermisste hast du mir gesagt

Ich habe gebetet dir Treue geschworen
Habe mich vor dir verbeugt

Es schlugen jahrelang
Zwei Herzen in meiner Brust

Mich nach deiner Anwesenheit zu sehnen
Dich für deine Abwesenheit verfluchen

# VERS 6

Du warst die Stimme
Die langsam die Nachtreppe hinabsteigt

Wann ist die Zeit des Feuers vergangen
Wann beschädigten sich die Zeiger der Uhr

Wenn ein Wort mit jedem Atem Glut wird
Wie kann es im Mund erstickt werden

*Sei still*

Was immer du sagst wird mich verletzten
Dieser Hohlspiegel gleitet aus den Händen

Wer Leidgedanken hegt
Ängstigt sich mehr vor Schmerz

Wenn du wirklich Stille willst
Beruhige mit deinen Lippen mein Herz

Du warst die Stimme
Die die Nacht durchquert

Jede Liebe ist ein Fehler
Wenn sie vorbei ist

# MONDWALZER

Die Stunde aus trunkener Zeit zu erwachen
Die in diffusem Schlaf glaubt
Ihr Traum wäre Wirklichkeit

Wie lange erhellen
Von dir verbrannte Brücken das Dunkel
Wie tief entwurzeln sich
Dornige Pflanzen der Erinnerung
Wie oft zerbrechen
Kristalle des Herzens und
Wie oft reißen
Stimmbänder ein

Kann man sich weit genug
Von einem würdevollen Mann entfernen
Der arrogant geworden ist?

Was kann das Feuer denen sagen
Deren Herzen zu Asche wurden
Was denen die sie ihr Leben lang
In Seide gehüllt verborgen hielten

Kann man dich für den Wein tadeln
Wenn dein Mund daraus Rosen destilliert

Wenn deine Anteilnahme kalte Liebe ist
Wischen gefrorene Tränen die Reste ab

Undank dreht sich weiter um sich selbst
Wenn nicht von Erinnerungen pulverisiert

Wenn das innere Kleid des Mannes
Erst einmal brennt
Kann es nicht
Schnell genug gelöscht werden

Dein Herz ist Tandur* deine Stimme glüht
Oh – heiliges Feuer
Höre uns an

Lass uns verbrauchte Erinnerungen
Aus verdunsteten Brunnen schöpfen
Wenn wir uns vor dir niederwerfen

Wir haben verstanden
Dass es keine Schwelle gab
Außer der die wir verfeuert haben
Es gibt keine Wege nur das Labyrinth

Oh – heilige Vergangenheit! Hilf uns!
In der Nacht ersehnen wir
Immer nur die Morgenröte

* *Tandur* ist ein spezieller, mit Holzkohle, Holz oder bei
modernen Typen mit Gas geheizter Backofen.

Lassen Schmerzen nach
Wenn man sie annimmt?
Verschwindet Liebe
Wenn sie vorüber ist?

Aus der Vergangenheit
Haben wir Antworten erhalten
Weil wir genau und zur richtigen Zeit
Gefragt haben

Wenn die Wunde heilt
Verstärkt sich der Schmerz

Oh – Messer ohne Griff
Vergraben in meinem Herzen

Wenn deine Schwere sich Leben nennt
Heißt deine Hitze Liebe

# SONNENBLUMEN-PSALMEN

SCHÖPFUNG 1

Sie sind zurück


Der Weg war schmutzig wie ihre Herzen
Sie werfen ihre Bündel in die Ebene
Drei von ihnen stecken sich
Ihre Zigaretten an


Eine Weile setzen sie sich
Zu unbekannten Vögeln
Verlassenen Steinen und alten Sonnen
Zu Kräutern die nicht wärmen
Zu verständnisvollen Eidechsen im Tau


Sie sind von Kiefern und vom Wind
Die ihre Arme küssten bedeckt


Einer – gelangweilt blond zu sein –
Schaut auf das Dorf
Ihm schienen die Hecken
Heilige Zeichen Allahs zu sein


Ein zerronnener Mittag
Lag schwer auf den Feldern

*Stelle dich der Bewegung*
Sagte der Jüngste
*Wenn nicht wirst du immer über
Geschwindigkeit schreiben Über ein Haus
mit aus Wäsche gewirkten Seilen gezogen
Eine Schildkröte die durch ihr Fleisch zu
sich selbst zurückkehrt Einen der beweglich
war aber nie ein Reisender wurde*

War es die vorbeiziehende
  Sicherheitswarnung
Oder eine mit Leinöl bestrichenen Biene
Die den August verleumdete
Ihn verletzt zu Füßen der Disteln
Hinabstürzen ließ?

*Das Innere eines verblichenen Körpers
besteht aus Tumult Es wird empfohlen das
Übermaß von Luft und Erde von Stimmen
und Gerüchen zu beseitigen Bewegung ist
sicher Keiner kann sein Inneres überzeugen
oder den Unrat des Unterbewusstseins
zerteilen*

Sei!
Die Bewegung war immer sehr sanft
  geringer zu werden Der Vorratskammer
  Getreide zu bieten

Lagern ohne zu definieren Sorgfältig
  sammeln Türkisfarbene Vorgaben des
  Himmels Stockende Arbeit Ermüdender
  Mut Die Kammern sind voll

Oh – Es ist immer dein Wunsch gesehen zu
  werden

Wolkenkratzer Schienen U-Bahnen Die
  Zivilisation die durch Kabel fließt
  Wandel – Natürlich auch in dich selbst

Heiße bitte – Mit deinen gehäuteten Beinen
und den geschliffenen Zähnen – Die
Schatten willkommen
Sei!

*Langsam*
Sagte der hintere Teil
*Nähere dich deinem Schmerz Wenn du das
Leid nicht verstehst kannst du nicht
schreiben Geschwindigkeit ist ein Organ
wie das Auge oder die Haut Sie stößt an
und erinnert sich nicht Mit einer
Silberschicht glättet sie Formen dass man
Angst vor Auseinandersetzungen hat*

*Er hat aber Angst vor einer
Gehirnerschütterung*
Sagte jemand mit abgestreifter Stimme

*Ja! Er glaubt Leiden sei
Gehirnerschütterung Doch der Schmerz
kratzt am Silber Ein Spiegel ist nur Glas
Die Substanz ist durchsichtig*

Die Sonne wischte mit ihrer Hand
Den Tau von den Dingen
Ein Mittag dessen Rücken liebkost

Die Erde durchdringt lebendiges Leben
Hier ist ein Gott
Hier ist eine Bewegung
Ameisen schließen Kompromisse
Zerstreuen sich wenn sie sich treffen
Körper schwirren durcheinander
Halluzinationen der Zivilisation
Intellekt Gerechtigkeit Anpassung
Feingefühl und ...

*Lasse ihre Hände in deine Brust eindringen*
*Die Psalmen von Objekt und Schmerz*
*durch dein Knochenmark ziehen*
*Der Schmerz der dich stärker werden lässt*
*solange du sprichst Er wird deine Augen*
*berühren Auf die Erde sinken*

Dann sind sie zurückgekehrt

Ein ruhiger August
Zu Füßen der Sträucher
Heilige Hecken
Als wären sie ein Zeichen Allahs

Feinfühlig und angemessen
Hieß die Bewegung
Die von anderen Gedanken
Zu sich selbst Zurückgekehrten
Willkommen

Und Stimmen und Gerüche
Und die, die wiederholt kommen
Und die, die frei schwingen
Und die, die fließen
Und die, die gleiten
Und die, die sich ausbreiten

Auch der Schmerz mit dem
Die Erde im Kosmos schwingt
Der Sternenstaub auf den Schultern
Sich ausruhender Stille
Und der unendliche Weg
Der immer weitergeht

*Doch niemand versteht das Gewicht
der Idee*

Es versteckte seine Waffen
Ein Mittagsgebet
Setzte sich der Zivilisation und ihren
    Halluzinationen gegenüber

Ihre Schnurrbärte wirkten verkrampft
Eine Wolke schweren Kupfers
Rollte den Hang hinunter

*Es war ein Sommer der seine Bündel nicht
tragen konnte Wo war der Gärtner der Villa
des August?*

Ohne mit der Wimper zu zucken
Mit Händen in den Taschen
Warteten sie es möge jemand sprechen
Und womit auch immer anfangen

*Sie waren es müde*
*Die einzige Wahrheit hervorzuheben*
*Sie ständig nacherzählen zu müssen*
*Und immer wieder öffentlich anzubeten*

Das Licht blendete sie
Die Bewegung ließ ihre Augen kribbeln
Jeder heimliche Blick hinterließ
Auf ihren Gesichtern durchsichtige Flecken
Sie sprachen weder noch waren sie stumm

*Ideen sind illusorisch*
*Im Unbewussten zum Bersten voll*
*Mit Trennen und Verbinden*
*Worte sind tot*
*Sprache gibt keine Sicherheit*

Die Erschütterung war müde geworden
Der Widerstand
Dessen Blut Strömung und Safran ist
Atmete ehrgeizig

*Was sein Volumen vermindert*
*Kann sich schneller drehen als die Zeit*
*Die einzig darin ist*
*die Arme um ihren Körper zu legen*

Diese Bestie die ihr Kind
Mit ihrer Wunde nährt
Diese Stimme
Wie ein Dorn in der Mitte
Diese Wirklichkeit
– war es eine schwere Kupferwolke? –
Beachtete die Dinge nicht

Die Erde durchdringt lebendiges Leben
Hier ist ein Gott
Eine Vorstellung
Die sanft den August auf dem Rücken trägt
Ängstlich ist Farben zu verwischen oder
Formen Stimmen und Gerüche zu stören

*Sie ist*
*Wie im Stall in ihrem eigenen Mist liegend*
*Immer träger als die Strömung*

Langsam wischt sich die Stille
Den Schweiß von der Stirn

Den Weg schnell
An der Hand des Windes gegangen
Verschmutzen die Schuhe und Strümpfe
Der Mittag war müde

*Was für eine Illusion ist das Halten?*

Die Vorstellung nimmt
Die Wendungen der Eigenarten nicht wahr
Schwingungen eines festen Körpers
Den Kern einer Substanz
Keine Elektronen Protonen Neutronen
Nicht die Strahlen und Bahnen
Von Atomen und Wellen
Oder Bereichen von Positiv und Negativ

Weder sich Umeinanderdrehendes
Ziehendes Schiebendes
Sich Entfernendes Vereinigendes
Elektrische und nichtelektrische Körper
Die sich vervielfältigen oder verschwinden

Auch keine elektromagnetische Felder
Die langsam ihren Platz im Inneren
  einnehmen Und von dort die Dinge
Aus einer anderen Sicht betrachten

*Wer sieht die Transformation des Selbst?*

Das Wissen ist wie ein Seiltänzer
Der bewundernd ein Seil streichelt
Dessen Knoten längst gelöst sind

Das Dorf war noch weit entfernt ...

# VORDERER ORIENT

WITWEN

*Am 13. Mai 2014*
*wurden 301 Frauen in Soma*
*einer Bergbaustadt*
*in der Türkei zu Witwen*

1

Zwischen Ängsten und Gerüchen
Ohne die Steine des Abends zu berühren
Ging geduldig der Tod


Der Kummer kehrte
Mit vollen Händen nach Hause zurück
Das Licht in den Augen war erloschen
Der Atem des Dorfes roch nach Schändung


Hinter geschlossenen Türen
Verbreitete der Tag sein Jüngstes Gericht
Mit Frauen und Kindern
In vier gemauerten Gebäuden

2

Sag mir
Wie viele Tode
Kann ein Land ertragen


In was verwandelt sich eine Zivilisation
Die durch ein Sieb von Schmerzen gepresst?


Himmel und Erde voller Blut
Mit all dem Schmerz
Wie kann der Mensch
noch ein Mensch sein?


Gewöhne dich

An das Schwarze Loch
In dem das Leben zur stumpfen Routine wird
Zum andauernden Wahnsinn
An die verfluchte Zerbrechlichkeit

Gewöhne dich

An das was Schmerz bedeutet
Schon vor dem Jüngsten Tag
Wenn bereits das Tischtuch
Von der Zeit ausgeschüttelt wird


*Der Tod ist das Schicksal der Bergarbeiter**

3

Draußen regnet es
Drinnen erlöscht das Feuer

* Zitat von Recep Tayyip Erdoğan, Präsident der Türkei
nach dem Bergwerksunglück in Zonguldak am 20. Mai
2010.

Er beschwichtigt die Geschichte vor seinen
    Füßen seit er sie entbunden hat und
    kämmt mit menschlichen Rippen Läuse
    aus seinem Haar

Ränder der Städte sind von Wüstenwinden
    über steinerne Höfe und Moscheen über
    alte Plätze und gewölbte Straßen
    verstreut die immer zueinander führen

Geruch von Gewürzen und gemahlenem
    Kaffee der auf derselben Kohle wie das
    Schießpulver röstet

Sand bedeckt das Blut das nicht abgewischt
    werden konnte

Namen von Gott in die Wüste geschrieben
Sind Gewalt und Unkenntnis
Kinder werden geboren und sterben
Ihnen ist Hunger vorbestimmt
Ihr Schicksal Diarrhöe
Widerwillen löst keine Wünsche aus

In der Kälte der Wüstennacht
Wärmen und stützen einander
Glaube und Familienzusammenhalt

Selbst wenn Beduinen getötet werden
Hält das Blut sie zusammen

Frauen werden
Für Kamele gehandelt
Beschnitten fürs Leben

Ihre Gesichter mit Männern bemalt
Ihre Herzen geerntet

FLÜCHTLINGSZELT

Kalt ist Nacht als sie zu ihm schleicht
Mit der Hand streicht sie sich
Fettiges Haar aus dem Gesicht
– Und ihre Wut

Ohne die Kinder zu wecken
Wendet er sich ihr zu
Dringt in sie ein
Schämt sich zu sprechen

Hungrige Kinder im Fieber
Die Arznei reicht nicht für zwei
Wenn sie husten wissen ihre Eltern
Dass sie noch leben

*Nachdem seine Familie versucht hatte*
*Europa zu erreichen*
*ertrank ein syrisches Kind in der Ägäis*
*Sein Leichnam wurde an den Strand*
*der türkischen Ägäis gespült*
Daily Mail, 03. September 2015

1
Mit seinen Klauen
Streichelt der Tod
Die Gummiboote
Die As-Sirāt* überqueren
Hoffnungen fallen
Ins Feuermeer


Die Welt
Deren Rauschen verstummt
Winkt hinter den Kulissen


* As-*Sirāt* (arabisch Weg, Pfad, Straße) ist der islamisch-
theologische Begriff einer Brücke, die von Verstorbenen
überquert werden muss.

2
Im Morgenlicht wird
Ein Flüchtlingskind
In die Mitte der Herzen gespült


Europa schaut hört – ist blind und taub


Vierhunderttausend Flüchtlinge werden
Wenn sie seine Tore erreichen eingelassen
Freiwillige Zähne
Für die Räder des Kapitalismus


Hungrig und durstig
Sind sie meist noch am Leben
Wenn sie nach den Wellen der Ägäis
Die Griechischen Gummiknüppel
Mazedonischen Eisenbahnschienen und
Ungarischen Stacheldraht
Überwunden haben

3

Der Nahe Osten schüttelt wieder
Sein Tischtuch aus
Paradies und Hölle
Werden mit Füßen getreten


Jeder lebt im Gewahrsam seines Herzens
Beobachtet von dort
Die Wunden der Welt

*Das 20-jährige Mädchen Özgecan Aslan*
*ist die letzte Person in einem Sammeltaxi*
*auf dem Weg von der Schule nach Hause.*
*Der Fahrer missbraucht es. Als es sich wehrt,*
*tötet er es.Trennt ihm die Hände ab,*
*verbrennt das Gesicht.*
Milliyet Newspaper, 15. Februar 2015

Im Wind werden die Tage
Vom Rand der Klippe wehen
Auf Fabriken Wolkenkratzern Plätzen
Moscheen und Basaren wird Asche verstreut

Kleine verschorfte Hände
Sehen wie sich öffnende schwarze Rosen aus
Gebrandmarkt im heftigen Regen
Von den Schlägen eines bitteren Abends

Von der Klippe weht auf den Elternschoß
Ein schwarzes Hochzeitskleid
Träume in verschlossenen Häusern
Sind Gräber

WO BLEIBT GOTT?

*Am 16.04.2014 wurden in Chibok, Nigeria,
275 Schülerinnen von den Boko Haram
Terroristen entführt und werden immer
noch vermisst. Eltern misstrauen der
Regierung, nach ihren Kindern zu suchen.
In den letzten zwei Jahren waren die von
Boko Haram eingesetzten
Selbstmordattentäter meist Mädchen. Die
Mütter wissen das. Wenn ihnen jemand
sagt, dass ihre Mädchen Mörderinnen
seien, glauben sie es nicht und sagen –
Wir haben sie auf die Welt gebracht
Wir werden glücklich sein. Selbst wenn
sie mit einer Waffe kommen. Sollen sie
uns doch umbringen ...*
15. April 2016, Stephanie Hegarty
BBC-Pressesprecherin

1

Ich wurde von meiner Mutter zwölf
Stunden unter Qualen geboren. Ertragen
– nicht um eure Sklavin zu sein. Sie
wusch mir das Haar mit duftenden
Seifen, um es nicht zu bedecken.
Verhüllte meine Bücher, um sie nicht im

Schulgarten verbrennen zu lassen.
Verschwieg meinen Namen
Um nicht auf rostigen Fahrzeugen entführt
    zu werden


2

Sie kamen um Mitternacht. Verunreinigten
    unsere fliederfarbige Jungfräulichkeit mit
    ihren schlammigen Booten

Wie weit entfernt von Gott war doch das
    Gebet der Waffen

Erstaunlich wie ER diesen Affront ertragen
    konnte. Warum tritt ER nicht für
    Gerechtigkeit ein? Warum gibt ER uns in
    diesem Moment nicht Kain?

Die Stadt gleicht einem ängstlichen Köter,
    der mit eingeklemmtem Schwanz die
    Nacht anwinselt

In den Straßen strömte nach Munition
    riechender Wein

3

In Chibok sind die Worte durch bärtige
Schurken zu ihrem Ende gekommen Sie
löschten aus, was die Menschen
bestimmte und machten sie zu einer
Plage

Die Geschichte schmiedete auf dem
Amboss der Dunkelheit Die Zehn Gebote
und mit Tränen aus schmelzenden
Herzen den Stahl

Es ist kalt, sie fröstelt als ihre Beine das
nackte Metall berühren. Es ist Dunkel, nur
das schwache Licht einer Lampe beleuchtet
Instrumente. Es ist still. Die Sprache
verloren, die Lippen vertrocknet, die Quellen
ohne Wasser.


Wo sind die Versprechungen geblieben?
Wann wurden diamantene Zeiten zu Asche?
Wie kam es zur Angst vor der Stimme des
Herzens?


Wenn er spricht – sag Halt.
Es ist mein Körper, mein Teil des Geistes, der
sich an meinem Schoß klammert. Wie kann
ich es dem Winter überlassen?


Er fragt:
Warum hast du meinen Traum und die
Blumen aufgegeben, die du auf meinen

Schatten gemalt hast? Weshalb die Räume verlassen, die du mit meinen Nachrichten gefüllt hast? Welchem Gott dient der Schoß als Altar, den du mir angeboten hast? Wie schnell du gehst, wie leicht.

Oh, Sohn des Lichts, den ich mit meinem Blut gestillt, welcher Schatz kann die Leere in meinem Uterus füllen? Was ist vergossenes Leben, wenn das Herz entwurzelt ist? Lass mich sagen: Nimm deine Hände von meinem Körper, meinem Teil unserer Seele.

Gedankenschritte die im Kopf tanzen, werden nicht gehört. Sie wartet, dass ihr Verstand verblasst, wenn sich aus den Möglichkeiten eine geöffnet hat und neues Leben durch Spekulum und Plastikkanülen ausgeschieden wird.

Der Raum ist fast dunkel, seine Seele liegt auf dem Tisch. Sterile Instrumente leuchten in schwachem Licht

VAGINISMUS-BEHANDLUNG


In der Hochzeitsnacht
Warten vor der Tür
Doch ein blutiges Laken gab es nicht
Das Familienoberhaupt entschied
*Die Braut sei verschlossen*

Man brachte sie zum Magier
Einen Zauber auf ihren Bauch zu schreiben
Das Schloss zu öffnen
Drei Tage und drei Nächte lang

Am vierten Morgen
Kamen sie das Mädchen zu holen
Bezahlten den Zauber
Mit einem Hahn

Das hilflose Mädchen war verstummt
konnte nur schreiben: Magier
Was tat dieser skrupellose Mann
Drei Tage und drei Nächte lang?

TUBENLIGATUR

Ich sage
*Vielleicht will sie noch mehr Kinder*
*Sie ist jung*
*Wir sollten sie nicht sterilisieren*

Er fragt
  *Wo soll sie denn hin?*
  *Sowohl sie als auch ihre vier Kinder gehören*
mir
  *Ich habe sie gekauft*

Dann zieht er seinen Enkel zu sich
Schaut auf ihn der kleiner ist
Blickt auf dessen Frau die dick ist wie er
Und sagt
  *Ich werde es machen lassen*
  *Es reicht mein Sohn ist arbeitslos*
  *Ich kann mich nicht um alle kümmern*

MILCHKAFFEE

Im Garten am Nachmittag Milchkaffee
Während wir den Regen rochen
Flüsterte sie

Ich hielt die letzte Kaffeetasse
Aus der Mitgift
Meiner Mutter und Großmutter

Sie zählte mit ihren kleinen Fingern
Eins, zwei, drei ...
Die flatternden Vögel auf der Tasse

Störte sich an den Rissen
Von Mutter und Großmutter
Die über den Vögeln zu sehen sind

Dann plötzlich
Flüsterte sie
   *Papas Milch ist bitter, Mama*

Als wäre nichts
Flüsterte sie
Spielte mit ihren Locken

Garten Regengeruch Nachmittag
Alles war schockiert

War mir die Tasse zu heiß?
Wackelte das Haus?
Meine Hände sind plötzlich leer

Mutters und Großmutters Tasse
Mein bisheriges Vertrauen
Ausgelöscht – wie deine Unschuld

Beim Milchkaffee
Flüsterte sie
   *Papas Milch ist bitter, Mama*

Ohne ihr samtenes Gewand zu lösen
Oder die goldene Nasenspange
Bedeckt sie ihr Gesicht
Mit Henna bemalten Händen

Verheiratet mit dreizehn Jahren
Schämt sie sich
Vor der ersten Frau
Ihres Ehemanns

Die Zeit ist vorüber
Hastige Bewegungen
In den Straßen gesammelt
Um sie nach Hause zu tragen

Verhüllt vor den Blicken
Bilder Figuren Flüche
Tanzen wiedergeboren
Im Spiegel der Aufmerksamkeit

Müde der Konfrontation
Zu Unmut und Insolvenz der Zivilisation
Wo faulige Basare die Städte zerstückeln
Wo ihr Staub zum Himmel aufsteigt

Das Universum erstarrt vor Wut
Kniet auf seinem dunklen Teppich
Dreht treu Gebetsperlen von Objekten
Zum Beginn

Lasst uns warten … warten
Warten ist sicher
Die Zeit ist vorüber

Das Tuch der Gegenwart ist faltig
Wahrnehmungen vermischen sich
Mit Urteilen

Geschmolzenes Himmelseisen
Überflutet am Jüngsten Tag
Die Erde mit Feuerbällen
Strömt wie eingefärbte Wolle
Zu den Wächtern der Erde

Kann ein im Ego
Gefangener Mensch
Bange wie ein dummer Vogel
Wegen seiner Flügel
Sich an irgendetwas erinnern?

Ahnungen rollen im Schädel
Verderben Recht und Glauben
Die Zeit in der du
Ein verborgener Schatz warst ist vorbei
Du wünschtest entdeckt zu werden
Doch warst weder bekannt noch gesehen

Es gab so viele Geheimnisse
So viele Du's
Die wir hätten sehen können
Wären wir geduldig gewesen
Wir versäumten das Zarte
Das dein Wesen ist
In dir
Liebten stattdessen
Nur dein Äußeres

Die Zeit ist vorbei

Auf Verlangen zeigt er
Der Tochter den linken Arm
Als sie nach dem Armband fragt

Nicht auf den Sohn ist er wütend
Auf den Staatsanwalt
Der die Angelegenheit aufgebracht hat

Übertreibung eines Familienproblems
Wiederholt sich zu überzeugen

*Mein Sohn warf letzte Nacht doch nur einen*
*Blick auf seine Schwester – Na und?*

# COLLAGEN

Verschlungene Straßen
Hetzen in eine feuchte Umgebung
Die ständig nach Suppe riecht

Abende treten immer
Durch dieselbe Tür
In armselige Behausungen

Die Gerüche des Essens
Binden Frauen ans Leben
Die ihre Wunden
Vor den Gerichten ausbreiten

Die Mädchen betrachten Ihre Füße
Die sie ein Leben lang tragen
Auf flachen bis zu
Sechs Zoll hohen Absätzen

Vesperzeit


Den Bauch der Zeit sorgfältig tätschelnd
Deckt Stille den Tisch für einen müden Tag
Um ihn in den Abend zu verwandeln

Perlen regnen
Aus kürzlich geflochtenem Wolkenband
Über die Felder

Von der Tageshetze an den Rand getrieben
Rutscht die Erde
Mit von Schlamm Mondstaub und Safran
Verschmiertem Knien
Die Böschung zur Wiese herunter

Von denen die nur Steine ernten
Kann keiner tanzendes Gras verstehen
Ausuferndes Dickicht oder
Duftige Fußspuren im Wind

# Hochmütige Judasbäume

Einst haben wir
Die Judasbäume und ihren Atem gesehen
Und verstehen lange schon
Deine Stimme am Himmel

Wir – das sind
Duft von Geranien und Jasmin Tee
Um die Mittagszeit

Du magst einfache und sonnige Tage
Wir Finden dich leise lachend
Vor unseren Türen

Die Nacht ist
Weder Schatten oder Ehrgeiz
Noch mahnende Bewegung

Du gehst über die Flure, durch die Fenster
An den Mauern und Türschwellen vorbei
Fütterst die Vögel mit Früchten

Wir hören deine besorgte Stimme
Die kehrtgemacht hat uns zu erschrecken:
*Erinnerung ist eine gefährliche Fälschung*

In einer dreieckigen Menge
Erinnern wir uns an
Den stillen Zweig vom Judasbaum
Dessen innere schmerzende Winkel
Zur Erektionsstörung des Alters blicken
Rechtwinklig zum Fußfetischismus

Der Mensch ist eine übergangsweise
  Schwellung im unterbewussten Müll
der sich ständig auf- und wieder abbaut

Wir verstehen nichts doch es ist uns egal
Können wir den anderen kennen
Wenn wir verliebt sind?
Wir gewöhnen uns an eine neue Liebe
Etwas lockerer und etwas kürzer
Wie an neue Kleider

Einst ließ der Tag
Sich auf dem Balkon nieder

Wir – das sind
Erinnerungen an
Deine kalte Nase und die rote Krawatte
Und dein großes rotziges Gesicht
Das leise in der Mitte des Zimmers weilt

Sinnlos gesehen zu werden

Wir berühren sanft dein Haar
Wieder nicht die Hände gewaschen
Und ohne dass du dich ausziehst

Unser Gesicht ist aus Glas
Diese Vögel müssen
Von einem entfernten Hafen
WIEDERGEKEHRT SEIN

In den privatesten Stunden einer Nacht
Wachsen die Körper der Liebe

Ein fallengelassener Duft riecht wie
Die Andeutung von einem Kuss

Der Atem trägt
Seinen Wind in der Tasche

Ein sorgloses Flüstern
Rollt vom Ohrläppchen den Hals hinunter

Die Haut bereitet sich
Für die Zustände der Inspiration vor

Ex-Liebhaber tangieren zwei Kreise
Die sich kreuzen

Die Materie und die Farbe der Haut

Miteinander schlafen
Scheint so vollgestopft zu sein

Der Mensch nimmt alles was ist
Was hat und was nicht ist

Die Nacht kommt zu ihm
Dem Ort

Durstig – Alle Wege führen zu dir
Dein Mund wie Wein
Der durch meine Adern fließt
Die Nacht in Liebe und Leidenschaft teilt

Dieser Mund verweht
Wenn die Nacht deine Zunge befreit
Doch beginnt sie mit ihm
Wenn er in meine Welt eintaucht

Du sprichst wie aus einem Brunnen
In den die Nacht sich vertieft
Wenn ich Fragen stelle
Schließt sich dein Mund wie eine Tür

Gespräche mit dir sind
Ein abgebrochener Schlüssel
Ein verlorenes Schloss
Jeder trägt die Niederlage seiner Liebe

Lügen über eine verschwendete Nacht

Wir hören dich in einsamen Nächten
Enträtselte Schlinge deiner Stimme

Aus geöffnetem Fenster
Strömt das Geheimnis und
Eine nachgehende Uhr von acht Stunden

Sie zerteilt den unruhigen Oktober
In ein Bild und eine Last

Sie mag Melancholie und Wasser
In gefrorenen Händen

Wenn sie schweigt richtet sich die Illusion
Im gegenüberliegenden Sessel ein

Müde vom verzögerten Hören

Plötzlich weht der Wind
Bis zu den Wurzeln einer Platane
Geräuschvoll lösen sich zwei Knoten
Vor gesenkten Augen – Das Leben ist frei

Wenn Regen auf abwesende Väter wartet
Gucken die Spatzen
Nach Schutz in den Zweigen
Sich die Augen aus dem Kopf

Ein Kind wächst
Indem es sich sehnt
Der Schmerz
Wird in zerwühlten Laken gekühlt

Es wächst für die Ewigkeit
Und die Seele der Welt
Flieht aus dem Käfig der Liebe
Durch seine Tränen

Drei oder vier Nächte
Verwelken ineinander verschlungen
In ausgetrockneten Vasen

Nasse Gesichter
Neben dem Bett schmutzige Laken

Kümmerlich dringt die Straße
Durch geschlossene Fenster

Trunkenes Licht berührt kaum das Sofa
Eine ungeküsste Hand

Unter dem Kissen
Schlafen bunte Kondome

Schiefe Schränke aus Faserplatten
Suchen noch ihre Türen

Die Intelligenz gewöhnte sich schnell daran
Saaten erkannten den Einklang
Sensibilität fiel von den Mauern

Während er brach sagte der Zweig
Ich hörte
Der Mensch könne sich nur
In sich selbst verwandeln
Und sei die schwerste Last
Für die Menschheit

Die Dorfstraße dehnte sich beunruhigend
Ein paar vertrockneten Bäumen
Verging das Lachen
Als sie einem von ihnen
Beim Gehen zusahen

Die Ebene streckte sich vor dem Hügel

# VORSPIEL DER GRASHÜPFER

Es ist die Zeit die Münir Nurettin[*] an seine
Brust drückt. Ankara senkt seine Last im
abendlichen Hof, der die Bäume
anspruchslos macht. Wahrnehmungen
berührt der Wind mit einem Ölbaumzweig.

Im üblichen Geflecht der Straßen findet der
    Abend sein Heim wie den Duft vom Brot.

Meine Schläfen sind seit meinem
    sechzehnten Lebensjahr von einem
    steinigen Weg durchzogen. Die Abende
    sind die längsten Reisen, die ein Mensch
    in seinem Leben machen kann.

Ein regnerischer Abend in Ankara. Der Ort
    an dem sich das Leben erwärmt. Wo der
    Mensch sich in alles verwandeln kann.

[*] *Münir Nurettin*: Türkischer Musiker, Komponist und
Sänger. Lebte in Istanbul zwischen 1900-1981.

Auf der Suche nach dem Ort
An den es zurückkehren konnte
Denn es wusste nicht wo der war
Wohin es auch ging
Es war immer ein Fremder
Einige Worte zum Nebensitz gesprochen
Es trug in sich immer sich selbst mit
Ein Regenschirm im Zug zurückgelassen


Die Häfen zürnten so sehr
Dass die Seelen der Märchen
An die es glaubte verbrannten
Es suchte den Platz zur Rückkehr
Er hatte nichts davon gewusst
Suchen und gehen zu müssen
Doch Grenzen waren zu überwinden
Echte Reisen werden Rückfahrten

Es musste sich eilen
Die Zeit ging voran
Eine Illusion ein strömender Körper
verschleierte Bedeutungen
Doch es wusste dass
Verstanden zu werden
Das Gefährlichste von allem war
Es trug sein Herz auf Händen

Schon bevor du abgereist bist
Habe ich dich vermisst

Deine Abwesenheit wirkte wie ein Urteil
Über pochende Schmerzen in den Schläfen

Der Tag schaukelt am Balkongitter

Ein starkes Gefühl könnte herabfallen
Fieberhaft nach deinen Händen suchen

Ich liebte dich seit der ersten Nacht

Wir saßen anmutig wie Seiltänzer
Deine Ruhe meine Trunkenheit
Und die Schatten die wir warfen

Von Zeit zu Zeit fielen Rosen
Vom Schachbrett der Einsamkeit
Unter der zarten Haut deines Gesichts
Schimmert ein Hafen

Würden die Liebeszeiten aufgeschrieben
Könnten sie Orte oder Objekte sein

Eine Platane wächst auf weißem Sand
Die im Schweigen scharfen Ausdruck fand

Die einzige Wirkung von Schmerz ist
  Disziplin

Ich sammelte tote Seepferdchen
In den Ecken des Wassers

Es hieß du seist Sizilianer

Außerdem
Du seist ein harter Mann gewesen
Habest kalt und edel geschwiegen
Halb wegen eiliger Gefühle
Halb wegen schnellen zarten Lächelns

Du konntest dich
Mit unserer Abwesenheit nicht trösten:

*Deine Begrüßung roch nach frischen
Früchten Dein Haar voll von Akazienduft
Im Pierre Loti Café zwischen Bestellungen
und Lachanfällen war unsere Wärme
künstlich Du riefst nie um Hilfe Ein Zug
bewegte sich aus deiner Stimme Deine
Handflächen brannten wie Feuer Deine
Wurzeln wuchsen aus der Erde Sie betteten
sich in deinem Körper während du dich
drehtest Du wurdest verachtet Auch du
verachtetest Aus Angst Deine Traurigkeit
liebte beschuldigt zu werden Wer warst du*

*in deiner Schweigsamkeit Wir wuchsen an
ihr Warum hast du uns erlaubt dich zu
berühren.*


Gesagt wird
Du seist ein harter Mann gewesen
Habest kalt und edel geschwiegen
Halb wegen eiliger Gefühle
Halb wegen schnellen zarten Lächelns

Es hieß du seist Sizilianer gewesen

Zwischen uns pendelte die Nacht
Sie kam und dein Herz
Blieb zwischen Tür und Angel

Draußen gehen die Lichter an und aus
Aus dem Dunkel weht dein Duft

Wie einsam wären wir ohne Angst
Ich wärme meine Hände mit meinem Atem

Zwischen uns pendelt die Nacht
Ohne die Zeit zu berühren

Du ziehst sanft deine Hand zurück

    Die Blumen vor deinem Fenster Deine
    Katzen Herbst Lakmé Ritsos Der
    schlammige Himmel nach dem Regen
    Der nächtliche Ort Deine Samtjacke
    Die Stacheln der Berührungen auf
    meinem Körper Freude Geborgenheit
    Widerstand

Wir fühlen uns stark wenn wir nah sind
Wenn wir die Blicke senken

Die einzige Möglichkeit
In diesem Moment ist –
Verrückt zu werden

Du lachst und
Durchquertest die Dunkelheit

Zwischen uns pendelt die Nacht
Die Leidenschaft hat uns verlassen

Es war fast Nacht

Das alte Haus ging
An seiner Fassade vorüber
Wütendes Gras neben dem Weg
Blickte müde auf seine Energie

Fremde betreten jede Stadt
Durch dasselbe Tor

Das Meer hat sein Haar gekämmt

Ist es dieser donnernde Himmel
Der das Geschirr des Mondes
Ins Wasser warf?

Den öligen Sinn der Oberfläche verlassend
Vergeht ein festgewachsener Schmerz
Allein durch Erlösung von Zeit und Raum

Jeder wusste Bescheid es war ja noch Zeit
Sie vergeht nur langsam und unauffällig

Die Sanduhr vergaß dass es die
Ich-liebe-dich Momente gegeben hatte

Ein frisch gewaschener Morgen
Ein früher bitte-geh-noch-nicht Abend

Der Atem der Frauen kühlte sich ab
Wenn deren Männer
In die Stadt zurückkehrten
Lippenstiftspuren, Miteinander schlafen
Ein nasser schmerzhaft zu großer Pullover
Die Zigarette aufmerksam gelöscht
Der Riss im Topf löst den flüchtigen Blick
Aus Respekt vor geküssten Fingerspitzen

Zu einer Familie gehören ist sicher
Ein angenehmer Raum unter Bedingungen

In den Schubladen liegen
Die Berührungen verborgener Lust

Hat dieser Wind die Fenster zerstört?

Blutflecken im Hausflur …

Der Weg ist lang
Wenn die Nacht ihre Augen senkt

Die Gerüche hatten im Dunkeln ihre
Plätze eingenommen Alle Schwächen
waren bereit für eine zerrüttete Liebe
Wir fühlten uns wie frisch gebadete
Götter Konnten jeden Augenblick
lachen oder sterben Die Zeiten des
Grauens nah und bitter wie die der
Leidenschaft

Er war aufmerksam wie das Auge
eines wachsamen Reptils Hörte
aufmerksam zu – wer sprach da? War
es die Blondine oder der zuckende
Mund Die Gerüche lächelten wie
Mädchen als sie dem Schrecken
zuflüsterten Beständigkeit sei
unrealistisch Als er müde wurde
öffnete er das Fenster

Langsam entkleidete er sich Ging
zwischen Schrecken und Geruch
umher Wenn ich nicht geliebt werden
wollte würde es dich nicht geben Falls
du mich nicht berührst würde ich
meinen Körper nicht erkennen Als ich
es herausfand war ich auf der Suche
nach mir

Woher kam dieser Geruch von frisch
gemähtem Gras inmitten der Nacht
Ein betagter November nahm einen
herzrasenden Wind an seine Brust
Wir würden verrückt werden wären
wir nicht unterwegs Bewegten uns
auf einem an unsterbliche
Umarmungen gewöhnten Harfenton

Weit entfernt in dieser Nacht ist seine
Wunde die heiß pochte Ich küsste mit
jedem Mund immer denselben
gordischen Knoten

Die Wurzel ist so lang wie der Zweig

Der Wind hat sich gedreht

Dem Mond zu Füßen der Nacht
Ist kalt und er hüllt sich in sein Licht
Er war lange nervös und ängstlich
Lärmende Vögel durchbrechen die Stille
Sobald sie dem Zwielicht entkommen sind

Der Wind hat sich gedreht

Es wird Zeit dass er vorbei ist der August
Die im Feuer gegrillten Tage
Die Leidenschaften gesehen zu werden

Gieriger Frost fand die Dunkelheit
Als hätte er sie selbst
In den Schoß feuriger Büsche gelegt

Die Erde streichelt respektvoll
Straßen und Bäume
Denkt sich Gutes aus für das
Was von Flüssen übergeblieben ist
Der Wind hat sich gedreht

Mit Gewittern trennt der August
Die Glaubensgemeinschaft
Der Himmel löst sich auf

Die Tage werden hochgehoben
Alles startet vom Ende her neu
Entkräftet sinkt die göttliche Kraft

Zorn umschließt die Zunge
Wie mit Stacheldraht
Zerkaut den August und spukt ihn aus

Der Sonne zugeneigte Farben bleichen aus
Das Glas der Klänge zerbricht
Begeisterung fällt auf den Boden

Auf dem Gras ausgebreiteter Morgen
Der gute Wille verliert
Das Leben zerbricht im Kampf

Der Wind hat sich gedreht

KNOCHENKÄFIG

Der wütend wartende Februar
Wird mit gefesselten Händen
Auf den Boden geworfen

Die Zunge ist giftig
Das Herz eine unruhige Uhr

Während all dieser Jahre zu sehen
Wie der Knochenkäfig
In eine Seidenhaut passt

Jeder Atemzug trifft wie ein Klopfen
Ins Gesicht der Essenz

Sollte die Liebe absolut bleiben
Reicht es nicht aus
Freund oder Kumpel zu sein

Sieh – die Schlacke ist im Feuer entstanden
Keine Asche mehr und kein Rauch
Deine Worte verbrannten in den Flammen

Wir haben das Lachen verlernt
Ein karger Morgen
Hat deinen Mund verschlossen

Der goldene Ring den du mir
ehrfürchtig an den Finger gesteckt
hat mich beizeiten beschwert

Lass los – Das Dunkel ist kein Schicksal
Gottes Gnade wird sicherlich
In der Morgendämmerung aufscheinen

Bäume werden zu riesigen Wäldern
Ufer gewaschen und legen
Belebende Bewegungen auf Gewohnheiten

Lass los – was beendet wird
endet nicht nur
weil es vergessen wurde

Das Leben weist dem Menschen
Keine Stelle zu

# Türschwelle

Eine Türschwelle
Kann von einem einzigen Schritt
Genommen werden
Einem Schritt der kurz die Erde berührt
Aber lang im Herzen verharrt
Zwischen Kommen und Bleiben

Die Zimmer öffnen ihre Türen
Zu den Wänden
Die Jahre auf einen Windhauch ihre Zeiten
Ein ganzes Leben
Überquert eine Türschwelle
Zeiten an Zeiten
Zwischen Liebe und Scham
Ohne sich zu berühren

Auf der Haut
Trotzt das Gedächtnis der Zeit
Es ist leicht sich an den Händen zu halten
Mit den Umarmungen kommt die Wärme
Kommt und geht zwischendurch
Kehrt zurück mit einem einzigen Schritt
Von Duft und Atem

Das Herz fühlt so tief und kann
Jeden zur selben Zeit lieben
Wo die Trennung beginnt ist unbekannt
Wie lange sie dauert auch
Die Gewöhnung ist die Gotteserinnerung
In der es trotz Trennung weitergehen kann

Die Türschwelle trennt
Mit einem einzigen Schritt
Zukunft und Vergangenheit

Wie hast du über Jahre
Den alten Ostwind
In deinen Haaren gehalten?

Ich war deine Frau
Die deinen Felsen bedeckte
Wie ein Land
Das Herbst über die Saat gegossen

Das Leben ein Tumult wie die Jahre
Die Wege endeten immer ineinander
Unsere Münder öffneten sich
In ungläubigem Staunen
Als wir wiederkehrten wurde es wärmer
Ich nahm dir deine Angst vor den Schatten
Die die Nacht verfolgten

Ein Talisman lernt nichts Unbekanntes
Ich glaube er erinnert nur
Was wir voreinander vergessen haben
Eine verborgene Nachtgeschichte der Haut
Die ohne berührt zu werden
In schmutzigen Bettlaken welkt

Sehnsüchte vertrockneten als die Häuser
Mit schnörkeliger Häkelei bedeckt waren


Wie du es einfach angekommen bist
Mich einfach geküsst hast
Ließest wild eine Tuberose
In meiner Wüste wachsen

Sag mir – Wie du
Diese spröde Lebendigkeit
Mit Tamarisken eingerieben hast
Sag mir – wie?

Deine Augen reichten aus
Meine Haut harmonisch glänzen zu lassen
Diese Nacht verneigt sich
Vor ihren Wundern


War diese Qual ein Zeichen
Von Liebe auf meiner Stirn
Die ich auf die kalte Erde
Auf Steine und blasse Erinnerungen legte?

Das Schicksal wechselte unaufhörlich
Der Kopf den ich jede Nacht streichle
Die Bergseen
Und die Tiefe die der Himmel
Unter Schlamm begraben hat
Selbst wenn wir
Aus derselben Entfernung schauen
Sind wir jetzt andere Menschen
Die alten Lichter verbergen
Die Gesichter vor unseren Augen


Sag mir wie viele Leute
Eine lebenswerte Liebe leben
Wie viel Gefühle ein eisernes Herz
Auf dem Amboss schmieden

Ist es sicher über eine Brücke
Nicht gehaltener Versprechungen
Zu gehen?
Das Dasein lebt den Schmerz privat
Ohne sich sonst zu kümmern
Die Augen enden auf jedem Gesicht
Auf derselben Straße

Du warst der Mann
Ein hoher Berg hinter mir
Ein Spiegel der
In der Stille versilbert wurde
Vergiss nicht
 Selbst wenn ein Baum verdorrt
 Halten die Wurzeln die Erde

Die Nacht in Ereğli am Schwarzen Meer

Die goldene Münze einer Nacht
Kürzlich zum König gekrönt
Erhebt sich über die Haselnussgärten
Die Zeit der stolzen tscherkessischen Braut
Die ihren Mann nicht merken lässt
Dass sie das Bettzimmer betritt


Warum liegt schwerwiegender Schmerz
Auf der Brust des Himmels
Die Wolken von gekochten Geysiren
Erbrechen den Schlamm
Der verschlungenen Flüsse


Die Bewegung pendelt ständig hin und her
Zwischen der Möwe
Und der Spur ihrer Flügel


Kribbeln in der Iris
Bei müder Aufmerksamkeit
Objekte zu betrachten

Sanft streichelt der Wind
Die auf seinem Schoß ausgestreckten
Kleinen Füße der Totenköpfe
Die Fischernetze sind kalt
Warten auf einen Fang
Voller Glück


Keuchende Pferde
Mit dem Hafen verbunden
Der Wind geht am Meer spazieren
Durchnässt die bügelfreien Hosen
Im kühnen Schwarzen Meer

Die Sünde ist köstlich
schnell und mit Wonne genossen

Wie ein Universum
Das zwischen den nackten Säulen der Zeit
Die Winkel und blinden Gassen durchsucht

Ein wilder Wind umweht den Busen
Das enge Mieder der Liebe
Kann Stunden und Minuten nicht ertragen

Der Regen nimmt die Bäume
Unter seine Fittiche
Sie verneigen sich vor ihm

Die Liebe blickt über die Ebene
Atmet tief den Abend ein
Breitet ihre Düfte aus

Sag das:
*Verzeih dem Spiegel*
*Jedes Glas ist der Versilberung fremd*

Die Schritte haben
Die Türschwellen abgenutzt
Die Freude der Namen ist erblasst
Die Geduld der Werte erschöpft
Die Erde geplündert
Die Luft verpestet
Das Wasser verdreckt
Das Feuer war eine Lüge
Die Liebe hat die Liebenden getrennt
Das Auge hat
Dem Herzen eine Falle gestellt
Wir haben uns geirrt
Wie konnten wir annehmen
Die Welt wäre begrenzt auf das
Was wir gesehen
Der Stolz der Wahrnehmung
Hat uns verwirrt
Einst wurde
Die Sprache der Dinge geändert

Wir blieben taub für Stimmen
Reumütig für den Sinn
Schwerfällig für das Reden


Sag das:
   *Wie kann dir dein Körper widerstehen?*
   *Glaub nicht Schreiben würde*
   *Die Krankheit des Herzens heilen*


Als du noch ein kleines Kind warst
War die Zeit des Egos sicher
Jeder Atemzug vertraute dem Blick
Dann im gordischen Knoten des
   Verlangens
Zitterndes Begehren
Welche Freiheit wäscht den Hof der Seele
Die mit Pflastersteinen bedeckt ist
Wenn die Essenz sich trübt
Ist Schweigen Gelassenheit
Sprechen ein Fehler?
Wir verstanden die Liebe
Nur mit unserem Kummer
Erkannten die Bestie in uns nur
An ihren Wunden

Sag das:
*Die Schatten aus den Haaren entwirren*
*Jeder Abend kämpft*
*Mit Leugnen und Bekennen*


Zeit war wie ein unbeweglicher Tiger der
auf Beute lauert
Der Fang wartete wie hypnotisiert in den
Straßen vergaß den schweren blei- und
schwefelhaltigen Gestank und wuchs in
der Scham vor gefühllosen Spiegeln
Ausgestreckt zur Nacht waren seine Finger
mit Blut beschmiert wobei diese
Finsternis fremd in ihm war Eine
Undankbarkeit, die zu faul ist,
zurückzuschauen...
Aber wie fremd war diese Finsternis der
Zeit Wie hinterlistig der arrogante
Mensch


Sag mir:
*Leben – Du weinfarbener Sinn*
*Der in hölzernen Tragödien gebraut wird*
*Wann hast du die Menschheit vergiftet*

# SÄUMIGE MUTTER

*Du bist verspätet Wir haben auf dein*
*Kommen im Frühling gewartet Du hast*
*dich dreimal verspätet*
Er sagt:
*Dreimal*


*An Misstrauen sind die Weißen gewöhnt*

Warum erinnert er sich nicht
An die Stimme?

Es ist die Kraft aufgehalten zu werden
Sie verzaubert die verrückten Gesichter
Die sich an ein Zugfenster lehnen
Deren Schatten sich gegen Abend
Auf den Sitzen ausbreiten
Geschlossene Türen öffnen
In die Mitte des Gangs gehen

Entspannt lehnt er
Seine Schulter an die Erinnerung
Ein gebrochenes Bein
Ein Blick in die Augen
Ein gesenktes Haupt

Jetzt kann alles passieren Morgen Frau
  Tisch Schlüpfrig verletzliche
  Verbindungswege zum Mann

        Der enttäuschte Orgasmus Eine halb
        gerauchte Zigarette Kalte Lasagne
        Zwei Gabeln von denen die eine ein
        Stück Weißkäse aufgespießt hat Zwei
        Messer Erwärmter Weißwein Erst an-
        und dann ausgezogene schwarze
        Tangas Strapse Spitzenstrümpfe Zwei
        Stühle aneinander ans Ende gestellt
        wo der Tisch gedeckt ist

    *Du bist verspätet*
Wieder diese kalte Stimme

Bewegen ist
Ein Raum zwischen Gehen und Stehen

Es ist fünf Uhr
Die Sonne spuckt auf die Straße
Er raucht wahrscheinlich gedrehten Tabak
Gelbe Blätter an fettigem Haar

> Der Morgen wird misstrauisch beäugt
> Könnte eine Bedrohung sein
> Der Geist überflutet den Raum der
> Gewohnheit mit hunderten
> Gesichtern

Der müde Mann der Nacht
Fühlt seine Wollust allein

Atemlose Gesichter überall

> Schwellende Körper der
> Vergangenheit Tanzende Geister
> verheddern verfaulte Wurzeln mit
> deinen Füßen Das Gedächtnis prüft
> wie auf einem Schachbrett Könige
> und Bauern
> Können sie sich frei bewegen?
> Wohin sie auch schaut ihre Augen
> schmerzen Wohin sie auch geht ihre
> Füße sind wund Wenn sie sich dreht
> Weiß sie woran sie hängen bleibt
> Doch sie fühlt die Ungeduld eines
> neuen Geistes und ist immer noch
> überrascht

Oh! Gedächtnis Bist du nicht müde
geworden? Gefangen in Vergangenheit
und Zukunft? In Gedankenresten?
Wie lange noch kannst du dein Gewicht
tragen?

Vergangenheit und Zukunft
Zwei höfliche Illusionen

> Mit welcher Wahrheit kann sie die
> Gegenwart füllen Die weder bekannt
> noch fremd ist Ihr wurde beigebracht
> in die Vergangenheit zurückzugehen
> wenn sie Angst haben sollte an
> Hoffnungen und Sehnsüchten
> festzuhalten und respektvoll im
> Schatten der Gewohnheiten zu
> warten ohne dass ihre Füße von der
> Zukunft beschmutzt werden

Wo könnte sie sicherer gehen
Als in ihren eigenen Spuren

Alles hat sich verändert

>Wer sich nicht an die Idee der
>Verwandlung gewöhnt bleibt
>verbindungslos wie eine abgeschälte
>Schale Es haben sich verändert: Die
>Sanduhr Die Tasse mit dem
>zerbrochenen Henkel Das unerlaubte
>Überlaufen des Wassers aus dem
>Blumentopf Der an Lärm gewöhnte
>indianische Teppich sowie der
>instabile Couchtisch der sich gelassen
>Sorgen macht

Ist das der Geruch aus seinem Atem?

In der Kirche fasst er
Auf den Knien hockend
Nach seinen Beinen

Gelassenheit ist eine seltsame Maske
Was sind das für Marienkäfer die alle
gleichzeitig sprechen Ist heute
Sonntag?

Die Schals und Erstarrungen
Die zusammengefaltet
In den Taschen verstaut waren
Hebt man über die Köpfe
Und salutiert mit gefletschten Zähnen

Sag mir Mittelmäßigkeit: Ist es
gesund? Ist es genug für dich? In
einer schwimmenden Strömung
kopulieren Krebse und füttern sich
gegenseitig. Ist füttern gesund?
Sag mir Oberflächlichkeit: Bin ich
verrückt, weil ich wie ein Mensch
aussehe und liebe den Rock der

Sensibilität zu heben? Kann meine
Intelligenz nur durch Elektroschocks,
die du meinem Gehirn eintrichtern
lassen willst, das du als krank
bezeichnest, weil du es nie verstanden
hast, behandelt werden?

Der Tod muss ein sich öffnendes Maul
Mit scharfen Zähnen sein

VERS 8

Sie wachte auf

Der schlammige Himmel
Durchdringt die Zweige
Die ihr Laub anbieten
Die Schatten entkleiden sich prächtig.

Die Stimmen hallen im Korridor wider
Die nassen Farne zittern undeutlich

> Ist es windig? Ihre linke Hand will
> sich zum Fenster strecken Kann es
> aber nicht Ihr linker Fuß ist wie ein
> beleidigtes Kind Mit der rechten
> Hand bewegt sie das Bett Lehnt sich
> dann ins Kissen dessen Geruch nicht
> zu erkennen ist

Was ist das für ein Ort?

> Die Langeweile gewöhnt ihre Augen
> an die Angst Grüner Chirurgenkittel
> dessen Rücken offen ist

Sauerstofflöcher Steckdosen Nach
Schweiß riechender marineblauer
Stuhl Kleiderschrank mit
zerbrochener Beschichtung Die rissige
Tür Die hochgezogenen Seitengitter
des Bettes

Alles ist bereit für einen bescheidenen Tod

Plötzlich ein Gesicht
An ihrer linken Schulter!
*Wie geht es dir mein kleines Mädchen?*

*Mein kleines* … Hier ist sie wieder
zwischen sich und ihrem Vater
gefangen Diese Magie, die ihr erlaubt
ihre Heldenerwartung an männliche
Bilder zu kleben Ist sein Mund das
Passwort, das sie vor ihm so
zerbrechlich macht?

Von wem wird diese Zärtlichkeit
Ins Bett gebracht?

Er ging weg

    Er wird ein Kind von einer anderen
    haben

Das Sofa erfuhr die Wahrheit
Die es verachtete
In den Armen
Eines leidenschaftlichen Abends
Fenster und Wände
Saßen bis zum Morgen am Tisch

    Sie waren neugierig zu erfahren wie
    sie den Schmerz in ihr Leben einbaut
    nicht wie sie ihn ertragen kann

Es gibt keinen Ausweg
Im Raum sind nur die Namen Gottes

Die Zimmer sind zu den Zimmern hin
offen Sie kann nicht atmen

Das menschliche Skelett ist
schmerzempfindlich

Komm schon

Lass uns an gute Tage denken und deine
Tränen werden überwiegen Damit du
dich stark fühlst lass uns erinnern wie die
Augen auf das Geschriebene an der Tafel
starren An das Warten auf der Holzbank
mit einem Buch im Arm An die
Heimkehr von der Arbeit An die belebten
Bürgersteige und verregneten Abende An
das ruhige Meer

Ans Radfahren auf der Dorfstraße Die
Geburten deiner Kinder Den Geruch ihrer
trockenen Kleidung und der
Weihnachtsbäume An die Ostertische Die
großen Salatteller

Und das Schreiben Und den Blick zum
Himmel Nachdem du einen gelesenen
Vers unterstrichen hast

Denk daran
Mach weiter

Du bist stark
Wenn du kleine Details erinnert
Und wie schmal die Brücken sind
Die zum Leben überquert werden

Der müde Morgen lauscht
Auf die Atemzüge der Kinder

Paz* irrt wenn er sagt
*Müdigkeit ist eine Art des Verrücktwerdens*

> Der reine Schmerz gewöhnt den
> Körper so gut an den Zorn dass nur
> die Müdigkeit den Seelenschlitz
> durch den der Schmerz eindringt
> zupflastern kann So kann sie den
> Morgen streicheln ohne ihn zu
> erschrecken Kann in dieser Höhle in
> der sie sich vor dem Schmerz
> versteckt für ihre Kinder sorgen

Der Korridor ist noch dunkel

* *Octavio Paz*: Mexikanischer Poet von "La Piedra del Sol",
*El laberinto de la soledad* and other books.

*Es gibt nur*
*Ein einziges philosophisches Problem*
*Das wirklich wichtig ist –*
*Selbstmord*

> Ist er schwach oder zu hässlich um
> sich der fleischlichen Mode
> anzupassen? Hat er nicht eine Kraft
> die mehr als alles andere zum Leben
> passt? Eine Schönheit in der eine
> seltene Intelligenz glänzt?
> Außerdem denkt er nicht das Leben
> sei unwürdig es zu leben Er weiß das
> einzige Problem der Anpassung
> besteht darin den in seiner
> Wahrnehmung verwandelten
> Schmerz von der Realität zu
> unterscheiden.

*Reicht die Realität aus, das Leben zu*
*verneinen?*

Dreimal haben Geister
Ihr Gehirn entleert
Und dreimal
Ihre Seele der Disharmonie
Neu erschaffen

Gewöhnliche Anspannung und Unbehagen
Die menschliches Bewusstsein
In Stein verwandeln
Es nutzlos werden lassen
Pusten langsam dein Leben aus

An der Schwelle der Liebe
Wehrt sich ein zerzauster Wind
An der Tür zur Treppe
Wird wieder an ihn und daran gedacht
Was man hätte sagen sollen

Am 11. Februar 1963
Im Alter von dreißig Jahren
Überprüft Lady Laz-ar-us
Zuerst das Türschloss
Kämmt dann ihr Haar
Summt das Lied
Das an das Summen
Der Bienen ihres Vaters erinnert
Bereitet Brote mit Tomaten
Für Frieda und Nicholas vor
Stellt den Teller
Auf den nach Milch duftenden Teppich

Im schattigen Licht sieht sie
Ihre Gesichter nur aus der Nähe
(küsst sie aber nicht)

Sie schließt die Tür
Dichtet den Spalt
Mit einem Klebeband ab
Geht in die Küche zurück
Schließt die Fenster
Und setzt sich an den Tisch

# INHALT

SÄUMIGE MUTTER